Rose Costa

QUANTO VALE O SEU SORRISO?

Ilustrações:
Jefferson Galdino

© Texto – Rose Costa
Ilustrações – Jefferson Galdino
Direitos de Publicação
© Elementar Publicações e Editora Ltda.
Telefones: (11) 3857-0740 (11) 3951-9302
Rua Horácio Vergueiro Rudge, 445 – Conj. 3
Casa Verde – 02512-060 – São Paulo – SP, Brasil
e-mail: editorial@editoraelementar.com.br
www.editoraelementar.com.br
1ª edição: 2019
1ª reimpressão: 2019

Obra em conformidade com o novo
Acordo Ortográfico da Língua Portuguesa

Coordenação Editorial
Elisabete Pigola

Preparação
Rodrigo da Silva Lima

Revisão
Isabel Ferrazoli
Gabriel Maretti
Rodrigo da Silva Lima

Editor de Arte
Jefferson Galdino

CIP-BRASIL. CATALOGAÇÃO NA PUBLICAÇÃO
SINDICATO NACIONAL DOS EDITORES DE LIVROS, RJ

C875q

    Costa, Rose, 1960-
    Quanto vale o seu sorriso? / Rose Costa; ilustração Jefferson Galdino.
- 1. ed., 2. reimpr. - São Paulo: Elementar, 2019.
    32 p.: il.; 27 cm.

    ISBN 978-85-8415-098-4
    1. Contos. 2. Literatura infantojuvenil brasileira. I. Galdino, Jefferson.
II. Título.

19-61662   CDD: 808.899282
                                                               CDU: 82-93(81)

Meri Gleice Rodrigues de Souza - Bibliotecária CRB-7/6439
28/11/2019   03/12/2019

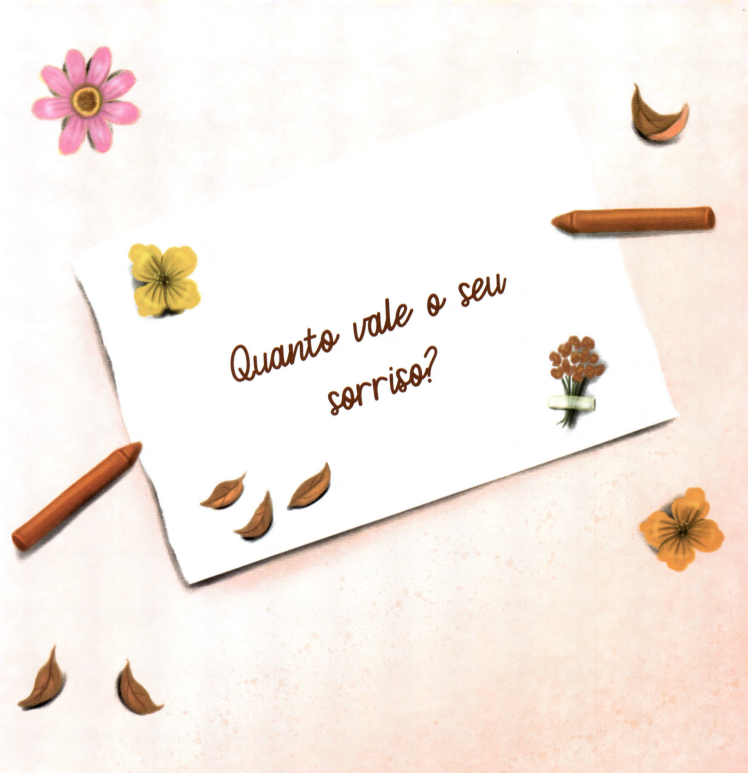

Agradecimento especial a quem acreditou e colaborou na produção deste livro: Simone Carneiro, Míriam Rocha, Aldanei Menegaz e Léo Carvalho.

Agradeço também a todas as mães, pois elas nos ensinam a não nos esquecermos de que o sorriso traz leveza e beleza à nossa vida.

Ana tinha olhos de pedra polida e redonda, daquelas que brilham com o beijo do Sol. O sorriso dela era cativante e passeava livremente entre suas avantajadas bochechas rosadas. Adorava falar pelos cotovelos. Ela argumentava e observava muito bem tudo ao seu redor.

Gostava de sentir o aroma que as flores espalhavam pelas colinas ao brincar com o vento. Achava graça no sorriso das pessoas quando a brisa ia chegando. Mas, se o vento era forte, a rajada a assustava, pois tomava conta de tudo.

Morava numa casinha no alto de uma colina rodeada de vales esverdeados e de pequenas flores coloridas estendidas por todas as direções até onde alcançava seu olhar. A vizinhança toda adorava aquela doce menina que tagarelava pra lá e pra cá.

Nos dias frios, as manhãs se arrastavam lentamente, valorizando a preguiça e reforçando na menina a vontade de ficar um pouquinho mais na cama.

Já nos dias quentes, os raios de sol surgiam apressados para esquentar as manhãs, e Ana logo pulava contente da cama.

Ana gostava muito de ler e ainda mais de brincar com animais. Vivia argumentando com a mãe sobre sua grande vontade de ter um bichinho.

A mãe, professora, que trabalhava todas as manhãs e todas as tardes, resistia. No entanto... não seria capaz de negar o pedido da filha por muito tempo. Quem conseguiria resistir aos argumentos de Ana?

Sua mãe era muito trabalhadora e por essa razão tinha pouco tempo e pouco sorriso. A vida dura havia lhe tirado isso e, apesar de ter cedido aos apelos da filha para que tivesse um cachorrinho, fez com ela alguns combinados: ela deveria juntar dinheiro de sua mesada para comprá-lo e assumir o compromisso de cuidar dele.

Para Ana, trato combinado era trato cumprido. Passou a guardar a mesada em seu cofrinho. Resistia bravamente a outras vontades que gritavam dentro dela. Queria encher o cofrinho o quanto antes para realizar seu sonho.

Sempre que descia a colina, como adorava conversar, cumprimentava e abordava as pessoas pelo caminho. Ela sempre carregava uma cestinha e, dentro, trazia o cofrinho e cartõezinhos enfeitados com as pequenas flores da colina, que secavam dentro das páginas dos livros que gostava de ler.

Não entendia o mau humor de algumas pessoas que encontrava no trajeto. Sentia falta dos sorrisos de todos.

Será que a ausência do sorriso, que é tão bonito e faz tão bem, tinha a ver com a profissão que escolhiam? Será que teria alguma ligação com a vida que levavam?

Entre um pensamento e outro, percebeu que tudo o que a mãe comprava para a casa tinha um preço. Foi então que um desses pensamentos fez a sua imaginação viajar longe: se ela apreciava o sorriso das pessoas e acreditava no bem que fazia, poderia experimentar comprar alguns deles. Será que os sorrisos também teriam um preço?

E se... ela pudesse entregar às pessoas um cartãozinho com as coisas boas que o sorriso trazia... Era isso! Ana começou então a escrever mensagens carinhosas nos cartõezinhos enfeitados que carregava dentro da cestinha.

Ana saiu de casa e logo encontrou um verdureiro envolvido com seus afazeres. Estava carrancudo e tinha um olhar triste e pouco convidativo.

A menina o observava de longe. Voltou a analisar o olhar dele e encheu-se de coragem. Tirou algumas moedinhas do cofrinho e as ofereceu, perguntando:

– Quanto vale o seu sorriso?

Segundos de silêncio... Até que o homem não teve argumento para tão doce pedido e enfeitou o rosto com um belo sorriso.

Rendido pelo gesto da menina, contou sua história para Ana. Disse que a vida o havia deixado assim, carrancudo e triste, mas a pergunta da menina iluminou o seu olhar. Bastou o homem abrir o sorriso para que Ana gritasse bem alto para o universo ouvir:

– Receba este sorriso aqui!

O grito da menina se espalhou pelos vales, e era possível ouvir o Eco, que respondia:

– Recebo este sorriso aqui!

14

Depois, foi a vez de Ana contar-lhe sua história: morava no alto da colina, achava graça no sorriso das pessoas, adorava cachorros e tinha convencido a mãe a ter um, por isso estava juntando dinheiro para comprá-lo.

O verdureiro não aceitou suas moedinhas e, sabendo do desejo daquela menina, ainda ofereceu mais algumas de presente para juntar às do cofrinho e ajudá-la a realizar seu sonho. Ana ofereceu ao homem um cartão enfeitado com uma flor. Nele estava escrito:

Seu sorriso me alegrou e vai alegrar o mundo!

Certo dia, Ana encontrou uma senhora que estava muito brava com uma criança. A menina olhou a mulher, buscou novamente coragem, tirou algumas moedinhas do cofrinho e as ofereceu, perguntando:

– Quanto vale o seu sorriso?

Agora, o silêncio pareceu maior que o do verdureiro. Até que a mulher, apesar de brava, não teve argumento para tão doce pedido e contou uma longa história para justificar tanta braveza. À medida que ia contando, ela ia se acalmando, pois se deu conta de que a traquinagem da criança nem tinha sido tão séria assim. A história ficou mais bonita quando ela trocou a seriedade que pesava em seu rosto por um sorriso tímido.

Ao vê-la sorrir, Ana gritou bem alto para todo o universo ouvir:

– Receba este sorriso aqui!

– Recebo este sorriso aqui! – retornou o Eco.

Ana também lhe contou sua história. A senhora a ouviu atentamente, não aceitou suas moedinhas e ainda a presenteou com algumas a mais para rechear seu cofrinho. Ana então tirou da cesta um cartãozinho carinhoso enfeitado com uma flor e ofereceu para ela. Nele estava escrito:

Seu sorriso me alegrou e vai alegrar o mundo!

E assim Ana fez com a costureira, o farmacêutico, o açougueiro, o porteiro do prédio, o jornaleiro, o taxista, o jardineiro, a enfermeira, o policial, enfim, com boa parte das pessoas daquele lugar.

A cada uma ela fazia a mesma pergunta:

– Quanto vale o seu sorriso?

Ana ganhou sorrisos de tudo quanto foi jeito: sorriso pequeno, grande, acanhado, dobrado, desajeitado. Mas sempre sorrisos. Recebeu, também, lindas histórias e algumas moedas para ajudar a comprar seu cãozinho.

Ana também lhes contava sua história e a todos entregava de presente um cartão carinhoso enfeitado com flor, sempre com os mesmos dizeres:

Seu sorriso me alegrou e vai alegrar o mundo!

Os dias foram passando e, de sorriso em sorriso, de moeda em moeda, a menina foi enchendo o cofrinho e o coração. Com o tempo, o sorriso foi se fazendo mais presente no rosto daquelas pessoas.

Até que um dia Ana encontrou no caminho um velhinho que parecia ter sido esquecido pela família. Ele usava roupas desbotadas e desgastadas e aparentava estar em uma tristeza profunda. Nesse instante, nasceu dentro dela uma vontade enorme de ajudá-lo. Esse desejo foi ainda maior que o de ter um cachorro. Por isso ela resolveu adiar seu sonho.

Com as moedas economizadas, Ana comprou comida e roupas novas para o velhinho e pediu para o policial do bairro localizar a família daquele senhor. Ele lhe agradeceu com um sorriso pálido e enrugado pelo tempo.

Quando Ana retornou, no final da tarde, se deu conta de que tinha passado muito tempo fora de casa. O rosto de sua mãe misturava sentimentos de zanga e preocupação. A bronca foi proporcional ao tamanho da travessura. Ana se entristeceu e chorou baixinho.

Ela compreendeu a preocupação e a atitude da mãe, mas, antes mesmo de se explicar e se desculpar, ouviu um burburinho na varanda de casa.

Ana esticou os olhos embaçados pelas lágrimas e viu alguns vizinhos segurando um lindo cachorro, branco como as nuvens e de orelhas caídas. Os vizinhos ofereceram o bichinho à menina e lhe perguntaram:

– Quanto vale o seu sorriso?

Naquele momento, com os olhos marejados, Ana abriu um imenso sorriso que passeou entre suas grandes bochechas rosadas. Todos sorriram juntos. O cachorro recebeu o nome de Sorriso.

Dizem que Ana vive por aí com um sorriso largo no rosto, junto do amigo Sorriso, contando sua história. E, vez por outra, é possível ouvir o grito da menina vindo do alto da colina:
— Receba este sorriso aqui!
E ouvir do Eco sempre a mesma resposta:
— Recebo este sorriso aqui!

Rose Costa nasceu em Brejo, no Maranhão (MA). É professora de teatro e contadora de histórias em Brasília, para onde se mudou em 1981 e fez dessa capital sua terra do coração. Lá nasceram seus três filhos: Thiago, Vítor e Clara, verdadeiros amores, que preenchem sua vida de alegria e orgulho.

Desde criança ouvia da mãe histórias que, entre suspiros e sorrisos, encantavam tanta gente. Esses momentos ficaram gravados na sua memória, transformando-se mais tarde numa grande inspiração para escrever e também contar histórias, atividades que realiza até hoje com muita dedicação e prazer.

Jefferson Galdino nasceu na cidade de São Paulo. É autor e ilustrador de livros infantis. Ainda criança, os desenhos e os textos se tornaram sua grande paixão, por isso resolveu estudar e se aperfeiçoar nessa área, especializando-se em Design Editorial.

Possui dezenas de livros ilustrados e um grande orgulho de poder mergulhar no universo infantil por meio das cores e das imagens.

As ilustrações desta emocionante narrativa foram elaboradas com criatividade, carinho e imaginação para que a leitura seja prazerosa e abasteça de belos sorrisos o rosto de todos.

Conheça um pouco mais do trabalho do Jefferson no Instagram: @jeffpgaldino1 ou no *blog*: www.bloggaldino.blogspot.com.br